悲しい時に
れしい時に

『一言のいのち』より

この本はどこを開いていただいても
その1ページに　その1行に
あなたの心によびかけることばがある

筒井敬一

とにかく用木《ようぼく》と名のつく人を五百人ほど
神様のご守護だけで
お与えをいただきました
そうそう
一番初めに申し上げることを忘れました
私は戦争中より会社の社長でしたが
空襲による罹災　破産　長男のれき死　妻の結核　次女の病死　自身の六つの死病（胃潰瘍　結核　痔瘻　心臓
神経衰弱　胆石）などと
次から次への不幸続きで……
私は自殺よりほかに方法がなかったのでした
自殺決行……青酸カリのコップを前に……

私は匂いがけをいただいたのでした

修養科は這《は》うようにしてつとめました
痔瘻だけを残して
健康を許されたのです
つくしきって救かる道を教えられて……
私は私のための一切を放棄することに
成功しました
かくて道一条の用木として
十五年通らせていただいたのです

生きている　そうです

死んだはずの私は生きているのです
そして妻も子も全部生きているのです
ただ
ただそれだけで十分なんです
それなのに
私は健康だけでなく
今も道の用木としてお使いいただいて……
身にあまる光栄に感激して
ご指命のままに日本中を……
駆け巡らせていただいております

まったく

私は文字通り
感泣しているのです

その私を正面から　側面から　背後から
引っぱったり　押し出したりして
真実の親にも勝るお心で
お育て下さった
先輩先生方の真実には今もなお目頭が熱くなる
次第でございます
そして……
今もなお　お育ていただきつつあるのですが……
その先生方からの

とうといお仕込みの節々を
この小誌に集めさせていただいたのでございます

最後にこの誌のために
格別のご指導を賜わりました
本部員柏木庫治先生と
養徳社の皆様方に
深くお礼を申し上げます

昭和三十九年一月一日　元旦祭を終って
越美分教会にて
筒井敬一

もくじ

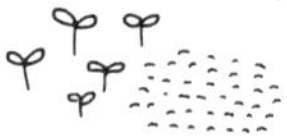

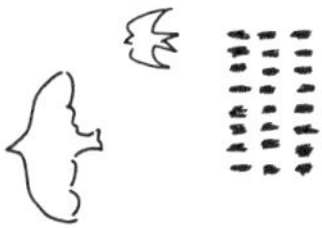

無一文

無一文でも…………
生命は我がものです
無一文でも
愛と親しみは我がものです
無一文でも
心の平和は我がものです

無一文でも

明るい温かい心と家庭は我がものです
そうです
無一文でも　お金や　財産より大切な我がものは
たくさんあるのです

無一文の中にでもすばらしい幸福は
みなぎっているのですネ

悲しいこと

親の一番悲しいこと……

それは
子供に気をつけてしゃべらなくてはならないことです

「ああ言えばおこるだろうか」
「こう言えばすねるだろうか」と
心を使わなくてはならないほど悲しいことはありません

どんなことを言われても……
「ハイ　ハイ」と素直にうけてくれる子供ほどかわいい
うれしいものはありません

親孝行の第一は……
親にどんなことを言われても素直に受けることだと
思わせていただきます

笑い

「笑う門には福来る」と申します
家の中に笑いが多いことが幸福の因子《ファクター》だと思います
どんな運命でも笑って送りたいものです
どこの御家庭にも笑わせる道具と……
おこらせる道具とあるものです

笑わせる人は家の宝です
おこらせる人は家の悲劇です
ちょっとしたことでも……
明るく笑って過せる心はあなたの人生を
より幸福に導くことでしょう

笑い……
それは金より財産より大事なこともあるのですネ

叱る前に

叱る前に
まず
よいところをほめてみましょう

よいところをほめて
まず
相手の心をあたためて
相手の心を浮かしてから……

「君はこんなよいところがあるんだ
人のまねのできない……
よいところがあるんだよ
そこで
君のあのくせを
直したら
もっと　よくなると思うんだが
どうだろうネ」
こんな風に
意見の方法を考えてみようと思いました

その人

今　その人がどんなに意地悪な人でも
今　その人がどんなに嫌な人でも
今　その人がどんなに間に合わぬ人でも

よく考えてみましょう
今……
古くなって　使いにくい自転車でも
昔は新しく使いよかったのです

今　うすぎたなくよごれた古靴でも
もとは新しいはきよい靴だったのです
前にその人が優しく役立ってくれたことが
あったんじゃないでしょうか
その人の性質の中に　何か一つぐらい
よいところもあるのではないでしょうか
それを思い出したり　探したりしてみましょう
そしてその人に　にっこり笑ってこちらから低い心で
合わせみましょう
きっとよい人になってくれますよ

拝まれる

神様を拝む……
拝むこと……ただそれだけが
信仰でしょうか

親に頭を下げる
頭を下げるだけが親孝行なのでしょうか

苦しい中から

親のために捧げる
自分のつごうを後回しにして
親のよろこぶようにつとめる

「ならぬ中を本当によくつとめてくれる
すまないことだ……」と

神様の方で拝んで下さるような真実
親の方でうしろ姿を拝んでくれるような行い

そういう信仰と親孝行が望ましいですネ

鐘の音

さわやかな朝です
お寺の鐘が鳴りました
ゴオーンと静かに鳴りました

ゴオーン……
ゴオーン……と余韻の流れるところに
鐘の音の情趣があるのです

ゴン　ゴン　ゴン　では　味もそっけもありません

心もことばも行いも　ゴツゴツと人をきめつけたり
押えつけたりする短慮《たんりょ》さでは
冬の木枯らしの寒さです
すべてに余韻のある豊かな人格は
人々に愛され親しまれるのではないでしょうか
静かに流れる鐘の音のような風格がほしいものですネ

⁂ちょっとのことば

人の欠点をさがすな
よい処だけさがせばよい

芯

しん（芯）は細くても……
しん（芯）は弱くとも……
しっかりロウを巻けばりっぱなローソクになります

金がなくとも
財産がなくても
人柄は貧弱でも
信仰というロウを　しっかり巻くことにより

りっぱな人生が通れると思います

信仰ある人格は　すべてに落ち着きと
静かさがあふれて……
人々からとうとばれ　敬われて楽しい人生が
送れると思われます

しん（芯）を守る……
それが信仰のとうとさではないでしょうか

前奏曲

思うようになったときはだれでも機嫌がよいものです
思うようにならないときや……
しかられたときでも機嫌よくいたしましょう
自分に気に入らないことでも
自分のためになることなら勇んで通るべきです

思うようにならぬことを節といいます
節から芽が出るのです

思うようにならないときこそ　あなたの人生に
すばらしい運命が輝く前奏曲なのです

〃冬来たりなば春遠からじ〃
思うようにならない時こそ
心勇んでつとめ切ることですネ

敵ではない

鉄が……
焼かれる
たたかれる
のばされる
冷やされる
そして
名刀となって世に讃えられる

米が……
むされる
つかれる
まるめられる
そして
鏡もちが神前に拝される

ひどいことをされた　むごい目にあった
つらい思いをした　苦しい立場だった

立派な人格と　たくましい魂がここに生まれる……

ひどいことをした敵……

それは　実は一番大きな味方だったのです

陰の声

陰でほめられたほどうれしいことはありません
陰でそしられたほどいやなことはありません
どんな人でもよいところの一つや二つはあるものです
陰でうんとほめてやりましょう

きっとよい人になると思います

器

小さな金魚が　小さなガラスの器に飼われていました
お庭に池を造ったので　そこへ金魚を移しました

十日ほどたちました
金魚は見ちがえるように大きくりっぱに育ちました
大海にくじらが泳ぎ……
小川にめだかが遊ぶわけがわかりました

器が大切なのですネ
心……
心は運命の器であるといわれます
すばらしく大きな心に
偉大な運命が育つのではないでしょうか
心を大きく……
それはそのまましあわせに直結することになるのです

つまらぬ運命

きせるがつまる　「やに」があるのです
えんとつがつまる　「すす」があるのです
みぞがつまる　「ごみ」があるのです
血管がつまる　「毒」があるのです
金がつまる　「借金」があるのです

つまる運命が　あなたを苦しめるのです
早くつまらない　運命にすることです

自分のつごうを後まわしにして
神様のためや人のために尽す
「つまらないことだ」「下らないことだ」と
人は言います
そこに「つまらない」「下らない」健康な運命が
訪れるのではないでしょうか……

そこに「通りよい」人生があり
「上りゆく」運命があると思います

⁂ちょっとのことば

時を大切にせぬものは
いざというとき間に合わぬ

牛乳

夫が冷たい
妻が冷たい
悲しいことです
わたしも
よく考えました
夫が冷たいのはだれの責任なのでしょうか

あたたかい牛乳が飲みたいと思いました

牛乳を玄関においていてもあたたまりません
あたたかい牛乳が飲みたかったら
まず　牛乳をあたためることです

相手をあたためる
向うをあたためる
夫をあたためる
妻をあたためる
それでよいのです
あたたかくしてもらいたかったら
まず相手をあたためることだと思います

気がないのに

「うそ」をつく気がないのに「うそ」をついてしまう
「どろぼう」する気がないのに「どろぼう」してしまう
「おこる」気がないのに「おこって」しまう
「ほれる」気がないのにだれにでも
「チョットぼれ」する
気がないのに……
悪いと知りつつ……
ついうかうかと……

人にさそわれるままに……
これを悪因縁と言うのです
徳の切れた姿です

「我が身かわいい」心を捨てて
しっかり「徳」を積むだけです
それで運命も心もけっこうになるのです

守る

「守れば守る」
といわれます

親のいうことをしっかり守る人は　親が守るでしょう
神様の仰せを守る人は　神様に守られる事と思います

天理をしっかり守る人は
天がその人を守ることとなるでしょう

守ること……
それがあなた自身を守ることになるのです
人を苦しめたり
人を困らせたり
人をあなどったりして
運命が守られるはずはないと思います

むだ（無駄）

「ああむだだった」
「むだなことをして損をした」

ご安心下さい
むだは決して損ではありません

むだが重なって成功があるのです
ただ働きのむだと思えることが

目に見えない徳を積んだことになるのです

結果をあせらず　むだを惜しまず
勇んでつとめきるところに
幸福と成功との喜びが近いのです

むだは本当にけっこうなんですよ

叱り手

〝うたたねも　叱り手のなき　寒さかな〟

「うるさいナァ　ねむいのに……」と
あのころは
うっとうしかったが
今はなき親の心が
孤独にしみる
こんなことなら　もっと素直で

優しくしておけばよかったのに……

人の真実とは　別れたり離れてからしか
わからぬものなのでしょうか

後から気がつくようでは悲しいことなのですが……

親孝行は生きている内にしたいものですネ
妻は生きているうちに優しくしておきたいものですネ

柳

雪が降りました
美しい銀世界です

むかしから……
「柳の木に雪折れはない」と申します
なぜでしょう

それは柳の木が柔らかく　素直だからだと思います

〽気に入らぬ風もあろうに柳かな

気に入らぬ人にも嫌な顔をせずに

にこにこと交際のできる心を造りたいと思います

⁂ちょっとのことば

目は心の窓　口は心の声

顔は心の掲示板

ことしのおわりに

〝己《おの》が名《な》を仄《ほの》かに呼びて
涙せし
十四の春にかへるすべなし〟　啄木

ことしも終りです
あれも　これもと思った今年とも……
これでお別れです
そして　そのことしは　永久に帰ってきてはくれません

それは
ことしが二つないからです
一つしかないもの……
それは本当に大切なのです
神も　親も　命も　一つしかありません

その一つを失わないように……
来る年も勇んで陽気につとめましょう

前進

後向きに歩いたらひっくり返ります……

昔のことでぐちをこぼす人は
後向きに歩いているようなものです

失敗したからといって……
人を責めたり悲しんだりしても元へはもどりません

どんなことでもみな引受けて
陽気に勇んで前向きに歩きましょう
とにかく
前進です！

ブレーキ

アスファルトに舗装された美しい道を　すばらしい車が
ものすごいスピードで快走しています
なぜこんなに安心してスピードが出せるのでしょう
そうです……
ブレーキが完全だからです
どんなに走っていても
ピタリと止めることができるからです
ブレーキのきかない車には

あぶなくて乗っていられませんネ
ですから……
夫婦げんかもきょうだいげんかも　まずブレーキです
どんなにおこっていても
ピタリとブレーキをかけましょう
いつまでも悲しまないで
ブレーキをかけて陽気になることです
どんなときでも鮮やかに
ブレーキをかけることのできる人になりたいものです

親の声

叱りつける　おやじの声……
親心
甘いいたわりのことばも親心なら……
冷たく叱りつけることばも親心です

どなりつけることばの奥に……
その声の奥にこそ
世界中のだれにもない親だけの愛情が

ひそんでいるのではないでしょうか
それに気がつく子は少ないかも知れませんが
それは本当なんです

思うようにならない運命は
神様のお叱りの声であり
我が子かわいい一条の親心と悟って……
鮮やかに心の転換のできる人こそ……
本当に幸福な人だなあーと思いました

近くのもの

東海道線の車窓から――
三国一の富士の山が美しくそびえて見えます
目の前へ巻たばこを一本あててみました
もう富士山は見えませんでした

遠くの方にどんな美しいものが見えても
目の前の小さなたばこ一本で見えなくなります

目の前の小さなことにとらわれて
先の大きな幸福を失いたくないものです

なんでもないほど小さなことでも
目の前のことは大きく見えるのです
さあ心を大きく勇んで前進しましょう

負けてみよう

腹を立ててどなりちらしたあとほど……
さみしいことはありません

無理して相手を負かしたあとほど……
不安なことはありません

負けてみましょう
すっきり負けてみると……

気持ちのよいものですよ

かたちは負けても
心は誇らかに勝利をうたっているようです

「負けるが勝ち」だと
昔の人も言っておりますもの……ネ

⁂ちょっとのことば

自己への同情は
自己を地獄へ落すに等しい

頼りない知恵

壁一つ向う側のこともわからない人の知恵
あすの生命すら計れない人間の知識
地震や大風の前には　ただおびえるだけの力
五十年ためて　一年で失う頼りない財産
死の恐怖の前には物を言わぬ金や物

ひと言の失敗で　もどらぬ信用にはかない名誉

知恵や知識や力や財産や金や名誉と
人間世界のすべては弱くはかなく　頼りないものです

神！　絶対の神を信じ　神の前にひれ伏す信仰と
修養のとうとさがここにあるのではないでしょうか

幸福になる道

すばらしい技術の運転手も　ガタガタの自動車では
腕前を発揮出来ません

すばらしい頭の人でも　ガタガタの運命では
幸福になれません
幸福になるためには　まず運命の路線を変えることです
知恵や力で運命は変わりません

金や財産があなたを幸福にするとは決まりません
自分が努力して人を助けることを徳と申します
「徳を積む」……
それが運命を好転させる唯一の鍵ではないでしょうか

同情

ある先生のうたに……
〝苦しさのままによろこび深くなり〟とありました

とにかく……
自分に同情しないことですネ
とにかく
自分を説明しないことですネ

するどい……
自己批判と
自己否定とに徹するとき

そのままで……
よろこべるようになるのではないでしょうか

そうです……
自分に同情しないことがりっぱな人格を造り
たくましい人生を通る原因なのですネ

呼び込む

「太郎君」と呼べば太郎君が入って来ます
「花子ちゃん」と呼べば花子ちゃんが
入って来るでしょう
呼んだ人が入って来ます

弱った　困った　いやになる　金がない
などと愚痴ばかりこぼす人があります

弱ったり困ったり……金のない運命を
呼んでいるようなものではないでしょうか

どんな苦しい中にも……

「ありがたい」「嬉しい」「楽しい」と
喜びの声を出す人には必ず……

「ありがたい」「嬉しい」「楽しい」運命が
飛び込んで来ると思います

ごみ箱

ごみ箱の中へ顔をつっこんだら　ずい分いやな
匂いがするでしょうネ

むかしのいやな思い出を
いつまでも忘れることのできない人や……
いつまでも愚痴ばかりこぼす　くどい人は
短くとうとい人生を……

ごみ箱の中で暮しているようなものです

いやな思い出や……
人にひどい目にあったことや　だまされたことや
損したことをいつまでも忘れることのできない人は
本当に不幸なのです

「ごみ」はあっさりきれいに捨てることです
〝愚痴てみて　何になるかよ種通り〟
未練と愚痴とをすっきり捨てて……
さあ!!　前進です

弱った

私たちは日々いろいろなことばを使います
うれしいことばや悲しいことばや
いろいろのことばがございます
その中に「よわった」ということばもございます

弱ったと言うことは
死ぬ時に一度使えば良いのではないかと思います
「ああ世が終わった　よおわった」です

弱った　弱ったと言う人には　弱った運命が訪れます

けっこう　けっこうと言う人には
結構な運命が訪れます
なんでもけっこうと言う　広い豊かな心を造りましょう

あなたのことばから……
「弱った　困った」ということばを
追放しようじゃありませんか……

きっと明るい人生が通れますよ

空っぽ

人に意見をするときは
まずその人の言うことを十分聞いてやることが
大切であると思います

全部相手の言うことを聞いてやってからでないと
どんなりっぱな意見でも
むだになる場合がございます

コップの中に醤油が半分残っています
そこへお酒をついだとしたら……
とても飲めたものではありません

相手の頭の中にいろいろの言いたいことや
訴えたいことが残っている内は　話は通じないのです

聞きじょうずが話しじょうずとも申します

⁂ちょっとのことば

結婚には
何はなくとも「たんのう」をもっていけ

目に見えぬ敵

目に見えぬ敵は恐ろしい
目に見えぬ結核菌で生命を失い
目に見えぬガン細胞が命を縮め
目に見えぬ悪因縁があなたの家庭を乱します

その悪因縁という悪魔は……
「くせ性分」といううえさでますます猛威を振るいます

うかうかしていると
その悪魔はあなたと
あなたの一族を滅ぼすかも知れません

一ときも早くこの悪魔を退治しましょう
一ときも早くこの敵を追出しましょう
その追出す武器は「徳を積む」以外にはありません
結局「徳」だけがあなたを守るのですネ

改める

子供が大切ですが……

子供の前で夫婦げんかすることは
子供に不良になれと教えるようなものです

子供は親の通った通りの道を歩むものです

川上濁れば　川下濁ると申します

なすの枝にきゅうりはなりません

子供の不良を責める前に
親自身が通った道をふりかえりましょう
そしてみずからをあらためましょう
親のつけたレールを……
子供という汽車が通るんじゃないかと思います

勝手な道は通れませんネ

暑い

夏!!
すばらしい暑さです
不足言ってみたって決して涼しくはなりません

なぜでしょう？　天理だからです
神様が暑くなさるからです
天理にはどんな利口な人でも敵いません
だから天理に添うことが大切なのです

天理に添わない心で造った財産は
必ずみじめな倒れ方で滅びる日がありましょう
天理に添わない心で暮した人の運命は決して
思うようにはなりません

天理……
その天理に添う暮し方こそ
あなたに健康と幸福とが許されることを
忘れたくありませんネ

お帰りなさい

男は外に出ると七人の敵がある　と申します
一日中命がけの真剣勝負です
夕方疲れきって我が家へ帰る……
心も体も疲れきって

「お帰りなさい」と美しいほほえみのひとことを
妻は忘れたくありません
その温かいほほえみ一つで夫は元気をとりもどします

そして明日への新しい意気と力とが与えられるのです
どんなに悲しい苦しい中にも「お帰りなさい」の
ほほえみを忘れない妻は
幸福な家庭を作り上げていく人だと思います

しっかりもの

「しっかりしたやり手だ」と言われるより
「ほんとうに親しめるいい人だ」と言われたいものです
しっかりものには敵が多いと申します

うっかり暮して　あんがい幸せな人もございます
〝あほうに手柄をさせる道〟とも
〝あほうが出世できる道〟とも言われます

あほう……
それはばかではございません
親の理をまったく素直にうける人のことを
言うのだと思います
しっかりものの家庭があんがい暗く……
しっかりものがあんがい弱いこともございます
あほうになる勉強をすることも大切ですネ

はらだち

はらを立てること……
それはあなたの寿命を縮めるようなものです

人生の長旅には決して晴天ばかり続きません
「晴天十日は続かず」と申します
どんな日もあります
どんな日にも……
どんなときにも

はらだけは立てないようにいたしましょう
ほほえみ……
それがあなたの寿命と健康と幸福とを守るのです
はらを立てない方法は……
まず相手の気持ちと立場になることだと思いました

⁂ちょっとのことば

だまって親孝行してくれた時は
百倍うれしい

相手は自分

めがねに青いインキを塗ってごらんなさい
人の顔が青く見えるでしょう

相手の顔が青いのではなくて
自分のめがねが青いのです
「人のふりみて我がふり直せ」と言います

人の欠点が見える内は
自分にも同じ欠点のあることを反省することですネ
鏡に映る自分の顔がよいのも悪いのも
鏡が悪いのではなくて
自分の顔の方に責任があるのですから……

人間の味

つごうよく間に合ううちは　ちやほや言って使うが
いらなくなると冷ややかに扱う

これほど人間の味のないものはありません
これほど人をばかにしたものはありません

何時までもその人の働いた努力をねぎらう
そして温かく慰めはげまして助け合って暮らす

それが大切な心です
それが明るい世の中を作ることなのです
「こんなぼろ家」とか「こんなばばあが」などと
いうものではありませんネ
昔は間に合ってくれたのですもの……

苦労の中に

人の一生は
「マンジュー」を食べるようなものだと思います
最初皮を食べれば　あとに甘い「あんこ」がのこります
若いときに楽々のぜいたくな暮しをしておいたら
年をとってからは苦しい運命しか残っておりません

さあ　にっこり笑って人を救けるための
苦労をさせていただきましょう

〝らくらくの中にらくはないで
くろうの中にらくがある〟
〝泣く泣く通る苦労は果てん〟といわれます
そうです……
苦労は買ってでもすることですネ

舌刀

しわす（師走）です
外が寒いように　心も寒くなりがちです
はらを立てたり　立てさせたりする
悲しい罪を犯したくないものです

はらを立てたり　立てさせたりすることは
健康と家庭とを乱し
社会的な立場を失うことさえございます

「舌刀人を刺す」と申します
「きじも鳴かずば　射たれまい」とも申します

ひと言のことばを慎しんだら
言いたいことをちょっとひかえたら
こんな悲しいことにはならなかったのに……

神々に守られて過したこの年に……
ふたたびかえらぬこの年に……
あたたかい拍手を贈ろうではありませんか……

道理ひっこむ

「負けるが勝ち」と言われます
「勝つというは借りたも同様　負けるというは心の田地に徳の種を蒔いたようなもの」とお道の上では聞かせていただいております

自分の我を張ってとことんまで……
人を敗かすことは一応は勝ったように見えますが
やがて必ず苦しい悲しい運命に泣かなくてはならない

種蒔きをしたようなものです

「無理が通れば　道理ひっこむ」と言われるように
負けるということは
くやしく情ないことかも知れませんが
やがて思わぬけっこうな運命に
よろこべる日があるのです

勝つことのじょうずな人は世間にきらわれるし
負けることのじょうずな人は愛されます

からす（ある先生のお話から）

「からす」が考えました
「くじゃく」のような美しい羽根になったら
きっとすばらしいだろうと……
黒い羽根に赤や銀の色をぬりつけました
しかし誰もほめませんでした

ほめるどころか「あれは頭がおかしいのじゃないだろうか」ということになりました

やはり「からす」は黒い羽根を輝くばかりに光らせる努力をすべきだと思います

大きな夢を実らせるためには……
「まず現在を磨くこと　光らせること」

現在を磨くことは本当に大切なのですネ

⁂ちょっとのことば

幸せも不幸も遠くにはない
すぐ目の前にあるのだ

拝んで暮す

拝み合う姿ほど美しいものはありません
拝み合うところに幸福はみなぎります

夫を　妻を　親を　子を　友だちを
すべて拝みましょう

食事を拝み　おふろを拝み　ふとんを拝み　便所を拝む

味方も敵も全部拝んで暮すことができたら
すばらしいと思います
拝みにくいものを心から拝む心を造りましょう
〝やれ打つな　蝿が手をすり足をする〟一茶

中味

杉の木箱がある
みかんを入れると　みかん箱で八百屋の店先
ゴミを入れると　ゴミ箱と名がついて庭のすみ
玩具を入れると　玩具箱といわれて子供べや
灰を入れて火を入れると　火ばちと名が変わる

杉の木箱に変わりはないが
中味で呼び名と運命とが変わる

人間の中味は心……
人格だといわれます
心の味で運命が変わり
呼び名が変わるとしたら……

良い心に　良い運命　良い呼び名が
定められるとしたら……

心を磨き　人格を向上することを
人生の科目の一つに入れておくべきだと思いました

一言

雄弁は銀であり　沈黙は金である（トルストイ）

一言のことばが人を生かしも殺しもすると言われます

荒いことばが乱れた家庭を作り
優しいことばが明るい人生を作ります

神様は「捨てぜりふ　切り口上　愛想づかし」が

大嫌いです

よくほえる犬が弱いように
すぐ大きな声でどなりちらす人は
本当は気の小さい
たよりない人ではないでしょうか

ことばが人格の代表です
優しいことばはやさしい心から
ということになるのですネ

動かす

一枚の薄い紙で
茶碗を動かしてみましょう

上から押えつけても茶碗は動きません

茶碗の下へ紙を入れて
紙を引っ張ってみました
茶碗はらくらくと動きました

人の心も同じことだと思います

上からしかりとばしたり
おこりちらして
人の心が動くものではありません

動かそうと思う人の下に入ることです
まず人の心を下から浮かすことです
どんなむつかしい人の心でも下へ入れば
自由に動かせるのではないでしょうか

さらさら

〝岩の根も　木の根もあれど
さらさらと
ただ　さらさらと水の流るる〟

どんな時にも
「こだわる」ことはやめましょう
こだわる心ではよい知恵は浮びません

こだわる心とは　一つのことがらにとらわれる
「しつこい」「小さい」心をいうのです
金にこだわる
人にこだわる
主人にこだわる
着物にこだわる
ことばにこだわる
こだわろうと思えば　いくらでも
こだわることはありますネ

意志

意志（いし）の強い人も
心を濁すと意地（いじ）になります
徳（とく）のある人も
心を濁すと毒（どく）になります
心を濁すことは
家族も友だちも　おのれの人生をも

濁すことになるのです

自分の心を濁すことは　取り返しのつかぬ欠損です

そして人の心を濁すことは　さらに大きな欠損です

心を澄み切らせるために努力することは

私たちの生がいの大事業なのですネ

⁂ちょっとのことば

どうなるかと思う日がある
その日が種まき

約束

約束は守るものです
守ることが約束の値打ちだと思います
「あの人は約束を守らぬからだめだ……」
「あの人はうそつきだからあてにならぬ……」
約束を守らぬことを　うそつきと言うのです
うそつきは人に信用されません
どんなよいことをしても　一度うそをつくと

全部ゼロになるのです
本当に「うそ」ほど損なことはありません

神様との約束を「心定め」と言うのです
「心定め」を実行しないことは
神様にうそをついたことになるのです
神様の信用を失って運命の開けるはずはありません

さて　あなたの「心定め」はどうなっているでしょう？

優しい心

〝朝顔に釣瓶とられてもらひ水〟　千代女

優しい心ですネ
優しい心は……
美しいものです
美しい心は……
人にも神にも愛されます

神様に愛されることが
幸せになる唯一の道でしょう

私の心は本当に優しいだろうか
私の心は本当に美しいだろうか
私の心は本当に神様に愛されるだろうか

ときどき自分の心を振り返ってみることも
大切だと思いました

見忘れているもの

目に入ったゴミや　指の先のトゲは
どんなに小さくとも気になります
きらいな人の欠点は　どんなに小さなことでもやっぱり
気にかかるものです
気の小さい人ほど　不幸なことは大きく感じ
幸福なことには　案外気がつきません

人間は苦しいことにとらわれていますが
よく考えてみると
実に小さなつまらないことの場合が多いようですネ

結局は
幸福を見忘れているのではないでしょうか
私の幸福はどこにあるだろうと
さがしてみようじゃありませんか……

人まね

日本人は実に器用だと評判です
日本人ほど　人まねのじょうずな人種は
ないといわれます
人のよい処は早くまねして
自分をりっぱにいたしましょう
よいことなら猿のまねでもよいと思います

「見ざる」のまね……

人様の欠点は見ない　さがさない

「聞かざる」のまね……
人様の欠点は聞かない　尋ねない

「言わざる」のまね……
人様の欠点は言わない　しゃべらない

これだけできたら大したものですよ
教祖のおひながたのまねができたら
もちろん最高ですが……

味方

いやな人だ
気に入らない人だ
むつかしい人だ
あんな人は大きらいだ

こんな人がよくあるものですネ
しかし案外こんな人が　あなたのためになる
人かも知れませんよ

いやなことを言う人は　あなたの心を磨くと石でしょう
あなたの心のそうじをするためのほうきでしょう

とにかく大きらいだ！　などと言わないで
そんな人にもにっこり笑ってお話しのできる
広い豊かな心をつくりましょう

あなたにおじょうずを言う人が　必ずしもあなたの
味方でない場合もありますから——

矢

弦を張って的をねらう
やがて大弓から矢が飛び出す

自分の力は――
矢が離れるまでのこと
飛んでいる矢に自分の力は許されない

力一ぱい働く　尽す　つとめる

そして結果は天に任せればよいのです
飛んでいる矢がどうにもならないように――

結果を気にしてもどうにもなりません
結果はすべて天が支配するのですもの

「成ってもけっこう　成らいでもけっこう」と
努力を重ねることが大切だと思いました

⁂ちょっとのことば

神様をあと回しにする人は
神様にもあと回しにされる

大空

青い大空が限りなく広く　そして果てしなく遠い……
目がさめるような青葉の間に真赤なつつじが
鮮かに浮んで小川があくまでも清い……
「大自然はすばらしいなあ」
と目を見はりました

そして

小さな人間の社会のくよくよしたことに
とらわれるのが恥ずかしくなりました
青空のような心になりたいものですネ
青空のように
「こだわり」も「さいぎ」も
ない心に……

有害

醤油ビンを倒したら醤油がこぼれます
インキツボを倒したらインキがこぼれます
中にあるものが口から表へ出るのです

昔の偉い人たちのことばをならべてみました

自己に対する愛は死の初めであり
万人に対する愛は生の初めである

人生における失敗は成功よりも優れた教師である

怒りは他人に対しても有害であるが
当人にとってはより有害である

自分を真に愛するならば小さな悪も犯さないことである
説明をする人より実際に働く人は愛される

誘い

「泥中の蓮　泥をつけず」
泥の中の蓮は泥をつけないというのです
「どじょう」も泥の中にいて
泥をつけませんし
泥を食いません

「里の仙人」になるよう

お教え下さいましたが
本当にとうといことでございます

善悪を省みず
ふんいきに巻き込まれたら
「烏合《うごう》の衆《しゅう》」です

悪い友だちに悪い誘いをうけたとき
「はっきり」断わることのできる人こそ
りっぱな人だなあと
思いました

眼が光る

ねずみ……
人のいないとき
夜
寝静まったとき
わるいことをすると
「ネコ」の眼が光ります

にんげん……

だれもいないと思って
人に
わからないつもりで
勝手なことをすると

「神様」の眼が光ります

根

植木ばちに
杉の大木は育ちません

大木の高さだけ
根が大地に張っている
それで
樹齢が保つと
いわれます

ぢばの理
親の理に
根強くつながってこそ
理の栄えが約束されるのです

匂いの親から　理の親へ
さらに順序よく
「おぢば」につながるとうとさが
ここにあるのでは
ないでしょうか

出し切る

のどを破るほど声を出し切って　浪曲家は
永久につぶれぬ声を与えられるといわれます

手の平の皮をすり切れるほど使ってこそ
じょうぶなタコができるのだと思います
レスラーのたくましさも　横綱の強さも
すべては出し切ったもののよろこびです

人を使って
自分を守る……そこには
弱々しい運命が与えられるのでございます

人のため　世のため　親のために
一切を捧げきる
あるだけの力を出し切る

そこに
永久の力強さが与えられるのではないかと思います

頭の高さ

上り坂を上る人は
頭を下げて
上ります

下り坂を下る人は
頭を高くして
下ります

頭の低い人
その人の運命は
上り坂なのですネ

頭の高い人は
運命も
下り坂なのではないでしょうか

とにかく
頭は低くしたいものですネ

⁂ちょっとのことば

大きく望め
あわてるな　一歩をつつしめ

こころの日記

（日めくり）

一日

高くとび上ろうと思えば
まずぐんと縮むことである
苦労が大きいほど幸せは大きい

二日

よくほえる犬がきらわれるように
よくおこる人は愛されない

三日

してやったことは忘れ
してもらったことだけ
覚えていればよい

四日

人の悪口をあなたに告げる人はきっと
あなたの悪口を人に告げるだろう

五日

おしゃべりの人には敵が多い
無口の人には親友が多い

六日

先ず相手の言うことを聞いて
それから自分が話したらよい

七日

意見をしてくれる人には
できるだけ　近づこう

八日

気がついたら　早くあやまることだ
あやまれない人は不幸である

九日

ばらの花にはとげがある
口だけじょうずな人には……
真実がない

十日

親に心配をかけただけ　子供が心配かける
親孝行は人のためではない

十一日

氷は暖かさにとける
愛と誠の温かさにすべてが育つ

十二日

人を助けたり　よいことをしても
みずから宣伝したら
何にもならない

十三日

片方がだまっていれば
けんかにならない
まず自分をみつめよう

十四日

恩を返してもらおうと思うな
こちらが恩返ししたのである

十五日

無理して造った財産は
みずからが苦しむ運命を造る

十六日

叱られたのではない
育てられたのだ

十七日

一粒の米　一枚の紙　ひとりの友を
粗末にする人は
やがて　孤独と貧困に泣く

十八日

動物は笑わない　すぐ泣いたり
おこったりする人は　動物に等しい

十九日

優しいことばが　幸福をつくり
荒いことばが不幸をつくる

二十日

自己を説明したり
いいわけしたがる人は
働きの少ない人である

二十一日

子供の前での夫婦げんかは
不良少年を造るようなもの

二十二日

不良には不良
酒呑みには酒呑み
友だちを見れば自分がわかる

二十三日

やきもちをやく人は
その人自身が浮気者である

二十四日

もらうことだけ　すきな人は
こじきの心
捧げることを喜ぶ人は　大名の心

二十五日

瓜のつるに茄子はならない
親のとおりに子供が通る
わずかなことにも気をつけよう

二十六日

回っているコマは倒れない
喜びあふれて
働く運命は倒れない

二十七日

押えつけたら　ものも心も動かない
相手を浮かすことが　先である

二十八日

はらを立てること
それが自分の　寿命を縮める

二十九日

運命は自分が蒔いた種どおり
どんなことでも喜ぼう

三十日

ほめられたら　だれでも喜ぶが
しかられても　喜べる心をつくりたい

三十一日

作物は夜育つもの
しあわせは　苦労の中に育つもの

父と私　あとがきにかえて

真夏のある日　下駄の鼻緒が切れたので友達と遊べなくなった私が　父に助けを求めたのだった　カマキリが断食したかのように痩せこけて　もうとうてい治ることはない　六つの重病を抱えている父は　最期の力をふりしぼるように一端を口の端にくわえて布切れを切り裂いて直してくれた

単独布教時代には　洋服ダンスの中に神棚を作り神様

をお祀りしていた　時が過ぎ私が壮年となったある日その神棚の中に一冊の古ぼけた日記を見つけた　そんなあるページに「あの時」のことがきめ細かく記されていた　万年筆で書かれていたが　父の涙涙で文字は滲み「……これが子供にしてやれる最後の自分！」と書かれていた

あの時　まさか自殺を図るつもりであったとは　思いもよらぬことであった

　その実行を「明日に」と延ばした　次の朝突然の訪問者ににをいがけされたのであった

父は無い命を助けられ　その命を人だすけに捧げ「神一条」をまっしぐらに通りました　余りにも偉大で熱き行動力は　私にとって大スターの存在でした　どのような時にも「前進あるのみ」「孝心一条」の精神は過大なものでありました

いつも「悲しい時こそ勇むとき　苦しい時こそ進むとき」「進むだけの道　勇むだけの道」　自分に厳しくただひたすらに前向きの人生でした

平成二十一年に出直して　丁度十年祭を勤め終えたこ

の時　今回の発刊のお話をいただき　父もたいへん喜んでいると思います

最後にこの本の刊行に携わってくださいました　養徳社の皆様に心より御礼申し上げて　あとがきに代えさせていただきます

ありがとうございました

越美分教会長

筒井剛史

本書は昭和39年（1964年）に刊行された『一言のいのち』の単行本を文庫化したものです。発刊に際して改編し、文字遣いや表現を改めました。

悲しい時に　うれしい時に

『一言のいのち』より

令和３年２月26日　初版第１刷発行

著　者　筒井敬一
発行者　冨松幹禎
発行所　図書出版　養徳社
〒632-0016　奈良県天理市川原城町388
電話（0743-62-4503）
振替 00990-3-17694

印刷・製本　（株）天理時報社
〒632-0083　奈良県天理市稲葉町80

　ISBN978-4-8426-0130-4
Printed in Japan　定価はカバーに表示してあります。